懺悔錄

파란 녹이 낀 구리 거울 속에

내 얼골이 남어 있는 것은

어느 王朝의 遺物이기에

이다지도 욕될가

나는 나의 懺悔의 글을 한 줄에 주리자

— 滿二十四年 一個月을

내일이나 모레나 그 어느 즐거운 날에
나는 또 한 줄의 懺悔錄을 써야 한다.
— 그때 그 젊은 나이에
웨 그런 부끄런 告白을 했든가

밤이면 밤마다 나의 거울을
손바닥으로 발바닥으로 닦어 보자.

그러면 어느 隕石 밑으로 홀로 거러가는
슬픈 사람의 뒷모양이
거울 속에 나타나 온다.

一月 二十四日.

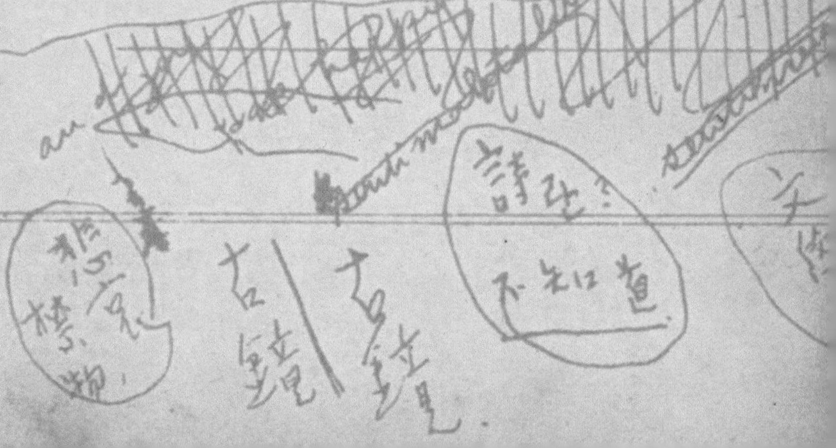

하늘과 바람과 별과 詩

正音社 刊

하늘과 바람과 별과 詩

正音社 刊

하늘과 바람과 별과 詩

序詩

죽는 날까지 하늘을 우러러
한점 부끄럼이 없기를、
잎새에 이는 바람에도
나는 괴로워했다。
별을 노래하는 마음으로
모든 죽어가는것을 사랑해야지
그리고 나한테 주어진 길을
걸어가야겠다。

오늘밤에도 별이 바람에 스치운다。

一九四一•一一•二〇

1

自畵像

산모퉁이를 돌아 논가 외딴우물을 홀로 찾아가선
가만히 들여다 봅니다。

우물속에는 달이 밝고 구름이 흐르고 하늘이
펼치고 파아란 바람이 불고 가을이 있읍니다。

그리고 한 사나이가 있읍니다。

어쩐지 그 사나이가 미워져 돌아갑니다。

돌아가다 생각하니 그 사나이가 가엽서집니다。

도로가 들여다 보니 사나이는 그대로 있읍니다。
다시 그 사나이가 미워져 돌아갑니다。
돌아가다 생각하니 그 사나이가 그리워집니다。
우물속에는 달이 밝고 구름이 흐르고 하늘이
펼치고 파아란 바람이 불고 가을이 있고
追憶처럼 사나이가 있읍니다。

一九三九·九

少年

여기저기서 단풍잎 같은 슬픈가을이 뚝뚝 떨어진다。단풍잎 떨어져 나온 자리마다 봄을 마련해 놓고 나무가지 우에 하늘이 펼쳐있다。가만히 하늘을 들여다 보려면 눈섭에 파란 물감이 든다。두 손으로 따뜻한 볼을 쓸어보면 손바닥에도 파란 물감이 묻어난다。다시 손바닥을 들여다 본다。손금에는 맑은 강물이 흐르고、맑은 강물이 흐르고、강물속에는 사랑처럼 슬픈얼굴——아름다운 順伊의 얼골이 어린다。少年은 황홀히 눈을 감어 본

다。그래도 맑은 강물은 흘러 사랑처럼 슬픈얼굴——아
름다운 順伊의 얼굴은 어린다。

一九三九

눈오는 地圖

順伊가 떠난다는 아침에 말못할 마음으로 함박눈이 나려、슬픈것처럼 窓밖에 아득히 깔린 地圖우에 덮인다。

房안을 돌아다 보아야 아무도 없다。壁과 天井이 하얗다。房안에까지 눈이 나리는 것일까、정말 너는 잃어버린 歷史처럼 홀홀이 가는것이냐、떠나기前에 일러둘 말이 있든것을 편지를 써서도 네가 가는 곳을 몰라 어느 거리、어느 마을、어느 지붕밑、너는 내 마음속에만 남아 있는것이냐、네 쪼고만 발자욱을 눈이 자꼬 나려

덮여 따라 갈수도 없다。 눈이 녹으면 남은 발자욱자리
마다 꽃이 피리니 꽃자이로 발자욱을 찾어 나서면 一年
열두달 하냥 내마음에는 눈이 나리리라。

一九四一·三·一二

돌아와 보는 밤

세상으로부터 돌아오듯이 이제 내 좁은 방에 돌아와 불을 끄옵니다. 불을 켜 두는 것은 너무나 피로롭은 일이옵니다. 그것은 낮의 延長이옵기에——

이제 窓을 열어 空氣를 바꾸어 들여야 할텐데 밖을 가만히 내다 보아야 房안과같이 어두어 꼭 세상같은데 비를 맞고 오든 길이 그대로 비속에 젖어 있사옵니다.

하로의 울분을 씻을바 없어 가만히 눈을 감으면 마음

속으로 흐르는 소리、이제、思想이 능금처럼 저절로 익어 가옵니다。

一九四一・六

病院

살구나무 그늘로 얼골을 가리고、病院뒤뜰에 누어、젊은
女子가 흰옷 아래로 하얀 다리를 드려내 놓고 日光浴
을 한다。한나절이 기울도록 가슴을 앓는다는 이 女子
를 찾어 오는 이、나비 한마리도 없다。슬프지도 않은
살구나무가지에는 바람조차 없다。

나도 모를 아픔을 오래 참다 처음으로 이곳에 찾어왔
다。그러나 나의 늙은 의사는 젊은이의 病을 모른다。

나한테는 病이 없다고 한다。이 지나친 試錬、이 지나친 疲勞、나는 성내서는 안된다。

女子는 자리에서 일어나 옷깃을 여미고 花壇에서 金盞花 한포기를 따 가슴에 꽂고 病室안으로 사라진다。나는 그女子의 健康이——아니 내 健康도 速히 回復되기를 바라며 그가 누었든 자리에 누어본다。

一九四〇·一二

새로운 길

내를 건너서 숲으로
고개를 넘어서 마을로

어제도 가고 오늘도 갈
나의길 새로운 길

문들레가 피고 까치가 날고
아가씨가 지나고 바람이 일고

나의길은 언제나 새로운 길
오늘도…… 내일도……

내를 건너서 숲으로
고개를 넘어서 마을로

一九三八·五·一〇

看板없는 거리

停車場 푸랱폼에
나렸을 때 아무도 없어、
다들 손님들뿐、
손님같은 사람들뿐、
집집마다 看板이 없어
집 찾을 근심이 없어
딸장게

파랗게
불 붙는 文字도 없이
모퉁이마다
慈愛로운 헌 瓦斯燈에
불을 혀놓고、
손목을 잡으면
다들、어진사람들
다들、어진사람들
봄、여름、가을、겨울、
순서로 돌아들고。

一九四一

太初의 아침

봄날 아침도 아니고
여름、가을、겨울、
그런날 아침도 아닌 아침에

빨—간 꽃이 피어났네、
햇빛이 푸른데、

그 前날 밤에
그 前날 밤에

모든것이 마련되었네,

사랑은 뱀과 함께

靜은 어린 꽃과 함께

또 太初의 아침

하얗지 눈이 덮이었고
電信柱가 잉잉 울어
하나님 말씀이 들려온다.

무슨 啓示일까.

빨리
봄이 오면
罪를 짓고

눈이
밝어

이브가 解産하는 수고를 다하면

無花果 잎사귀로 부끄런데를 가리고

나는 이마에 땀을 흘려야겠다.

一九四一·五·三一

새벽이 올때까지

다들 죽어가는 사람들에게
검은 옷을 입히시요。

다들 살어가는 사람들에게
흰 옷을 입히시요。

그리고 한 寢臺에
가즈런히 잠을 재우시요

다들 울거들랑
젖을 먹이시요

이제 새벽이 오면
나팔소리 들려 올게외다。

一九四一·五

무서운 時間

거 나를 부르는것이 누구요、

가랑잎 잎파리 푸르러 나오는 그늘인데、
나 아직 여기 呼吸이 남아 있소。

한번도 손들어 보지못한 나를
손들어 표할 하늘도 없는 나를

어디에 내 한몸 둘 하늘이 있어

나를 부르는 것이오。

일을 마치고 내 죽는날 아침에는

서럽지도 않은 가랑잎이 떨어질텐데……

나를 부르지마오。

一九四一・二・七

十字架

쫓아오든 햇빛인데
지금 敎會堂 꼭대기
十字架에 걸리었읍니다。

尖塔이 저렇게도 높은데
어떻게 올라갈수 있을까요。

鍾소리도 들려오지 않는데
휘파람이나 불며 서성거리다가、

괴로웠든 사나이、
幸福한 예수・그리스도에게
처럼
十字架가 許諾된다면

목아지를 드리우고
꽃처럼 피어나는 피를
어두어가는 하늘 밑에
조용히 흘리겠읍니다。

一九四一・五・三一

바람이 불어

바람이 어디로부터 불어와
어디로 불려가는 것일까、

바람이 부는데
내 괴로움에는 理由가 없다。

내 괴로움에는 理由가 없을까、
단 한女子를 사랑한 일도 없다。

時代를 슬퍼한 일도 없다。

바람이 자꼬 부는데
내발이 반석우에 섰다。

강물이 자꼬 흐르는데
내발이 언덕우에 섰다。

一九四一•六•二

슬픈 族屬

흰 수건이 검은 머리를 두르고
흰 고무신이 거츤 발에 걸리우다.
흰 저고리 치마가 슬픈 몸집을 가리고
흰 띠가 가는 허리를 질끈 동이다.

一九三八·九

눈 감고 간다

太陽을 사모하는 아이들아
별을 사랑하는 아이들아

밤이 어두었는데
눈 감고 가거라。

가진바 씨앗을
뿌리면서 가거라。

발뿌리에 돌이 채이거든
감었든 눈을 와짝 떠라。

一九四一·五·三一

또 다른 故鄕

故鄕에 돌아온 날 밤에
내 白骨이 따라와 한방에 누었다.

어둔 房은 宇宙로 通하고
하늘에선가 소리처럼 바람이 불어온다.

어둠 속에서 곱게 風化作用하는
白骨을 드려다 보며
눈물 짓는 것이 내가 우는 것이냐

白骨이 우는 것이냐
아름다운 魂이 우는 것이냐

志操 높은 개는
밤을 새워 어둠을 짖는다.
어둠을 짖는 개는
나를 쫓는 것일게다.

가자 가자
쫓기우는 사람처럼 가자
白骨 몰래
아름다운 또 다른 故鄕에 가자.

一九四一.九

길

잃어 버렸읍니다。
무얼 어디다 잃었는지 몰라
두 손이 주머니를 더듬어
길에 나아갑니다。

돌과 돌과 돌이 끝없이 연달어
길은 돌담을 끼고 갑니다。

담은 쇠문을 굳게 닫어

길 우에 긴 그림자를 드리우고
길은 아침에서 저녁으로
저녁에서 아침으로 통했읍니다。

돌담을 더듬어 눈물 짓다
처다보면 하늘은 부끄럽게 푸릅니다。

풀 한포기 없는 이 길을 걷는 것은
담 저쪽에 내가 남어 있는 까닭이고、

내가 사는 것은、다만、
잃은 것을 찾는 까닭입니다。

一九四一·九·三一

별 헤는 밤

季節이 지나가는 하늘에는
가을로 가득 차 있읍니다。

나는 아무 걱정도 없이
가을 속의 별들을 다 헤일듯합니다。

가슴 속에 하나 둘 새겨지는 별을
이제 다 못헤는 것은
쉬이 아침이 오는 까닭이오、

來日 밤이 남은 까닭이오、
아직 나의 靑春이 다하지 않은 까닭입니다。

별하나에 追憶과
별하나에 사랑과
별하나에 쓸쓸함과
별하나에 憧憬과
별하나에 詩와
별하나에 어머니、어머니、

어머님、 나는 별하나에 아름다운 말 한마디씩 불러봅니다。小學校때 冊床을 같이 했든 아이들의 이름과、佩、

鏡、玉 이런 異國 少女들의 이름과 벌써 애기 어머니
된 계집애들의 이름과、가난한 이웃 사람들의 이름과、
비둘기、강아지、토끼、노새、노루、「푸랑시쯔・짬」「리이
넬・마리아・릴케」이런 詩人의 이름을 불러봅니다。

이네들은 너무나 멀리 있읍니다。
별이 아슬이 멀듯이、

어머님、
그리고 당신은 멀리 北間島에 계십니다。

나는 무엇인지 그리워

이 많은 별빛이 나린 언덕우에
내 이름자를 써 보고、
흙으로 덮어 버리었읍니다。

따는 밤을 새워 우는 버레는
부끄러운 이름을 슬퍼하는 까닭입니다。

그러나 겨울이 지나고 나의 별에도 봄이 오면
무덤우에 파란 잔디가 피어나듯이
내 이름자 묻힌 언덕우에도
자랑처럼 풀이 무성할게외다。

一九四一·一一·五

2

흰 그림자

黃昏이 짙어지는 길모금에서
하로종일 시들은 귀를 가만히 기울이면
땅검의 옮겨지는 발자취소리、

발자취소리를 들을수 있도록
나는 총명했든가요。

이제 어리석게도 모든 것을 깨달은 다음
오래 마음 깊은 속에
괴로워하든 수많은 나를
하나、둘 제고장으로 돌려보내면

거리모퉁이 어둠속으로
소리없이 사라지는 흰 그림자、
흰 그림자들
연연히 사랑하든 흰 그림자들、
내 모든 것을 돌려 보낸뒤
허전히 뒷골목을 돌아
黃昏처럼 물드는 내방으로 돌아오면
信念이 깊은 으젓한 羊처럼
하로종일 시름없이 풀포기나 뜯자.

一九四二·四·一四

사랑스런 追憶

봄이 오든 아침, 서울 어느 쪼그만 停車場에서
希望과 사랑처럼 汽車를 기다려,

나는 푸라트·폼에 간신한 그림자를 떨어트리고,
담배를 피웠다。

내 그림자는 담배연기 그림자를 날리고
비둘기 한떼가 부끄러울 것도 없이
나래속을 속, 속, 햇빛에 비춰, 날었다。

汽車는 아무 새로운 소식도 없이
나를 멀리 실어다 주어、

봄은 다 가고—— 東京郊外 어느 조용한
下宿房에서、옛거리에 남은 나를 希望과
사랑처럼 그리워한다。

오늘도 汽車는 몇번이나 無意味하게 지나가고、
오늘도 나는 누구를 기다려 停車場 가차운 언덕에서
서성거릴게다。

——아아 젊음은 오래 거기 남아 있거라。

一九四二・五・一三

흐르는 거리

으스럼히 안개가 흐른다。거리가 흘려간다。저 電車、自動車、모든 바퀴가 어디로 흘리워 가는 것일까? 定泊할 아무 港口도 없이、가련한 많은 사람들을 실고서、안개속에 잠긴 거리는、

거리 모롱이 붉은 포스트상자를 붙잡고 섰을라면 모든 것이 흐르는 속에 어렴푸시 빛나는 街路燈、꺼지지 않는 것은 무슨 象徵일까? 사랑하는 동무 朴이여! 그

리고 金이여! 자네들은 지금 어디 있는가? 끝없이
안개가 흐르는데、

「새로운날 아침 우리 다시 情답게 손목을 잡어 보세」
몇字 적어 포스트 속에 떨어트리고、밤을 새워 기다리
면 金徽章에 金단추를 삐었고 巨人처럼 찬란히 나타나
는 配達夫、 아침과 함께 즐거운 來臨、

이밤을 하염없이 안개가 흐른다。

一九四二•五•一二

쉽게 씨워진 詩

窓밖에 밤비가 속살거려
六疊房은 남의 나라、

詩人이란 슬픈 天命인줄 알면서도
한줄 詩를 적어 볼가、

땀내와 사랑내 포근히 품긴
보내주신 學費封套를 받어

大學노—트를 끼고
늙은 敎授의 講義 들으려 간다。

생각해 보면 어린때 동무를
하나、둘、죄다 잃어 버리고

나는 무얼 바라
나는 다만、홀로 沈澱하는 것일가?

人生은 살기 어렵다는데
詩가 이렇게 쉽게 씨워지는 것은
부끄러운 일이다。

六疊房은 남의 나라
窓밖에 밤비가 속살거리는데、

등불을 밝혀 어둠을 조곰 내몰고、
時代처럼 올 아침을 기다리는 最後의 나、

나는 나에게 적은 손을 내밀어
눈물과 慰安으로 잡는 最初의 握手。

一九四二·六·三

봄

봄이 血管속에 시내처럼 흘러
돌、돌、시내가차운 언덕에
개나리、진달래、노오란 배추꽃

三冬을 참어온 나는
풀포기처럼 피어난다。

즐거운 종달새야
어느 이랑에서 즐거웁게 솟쳐라‥

푸르른 하늘은
아른아른 높기도 한데……

3

懺悔錄

파란 녹이 낀 구리거울속에
내 얼굴이 남어 있는 것은
어느 王朝의 遺物이기에
이다지도 욕될가

나는 나의 懺悔의 글을 한줄에 주리자
—滿二十 年一個月을
무슨 기쁨을 바라 살아 왔든가

내일이나 모레나 그 어느 즐거운 날에
나는 또 한줄의 懺悔錄을 써야한다。
——그때 그 젊은 나이에
　웨 그런 부끄런 告白을 했든가

밤이면 밤마다 나의 거울을
손바닥으로 발바닥으로 닦어 보자。

그러면 어느 隕石밑으로 홀로 걸어가는
슬픈 사람의 뒷모양이
거울속에 나타나온다。

一九四二•一•二四

肝

바닷가 햇빛 바른 바위우에
습한 肝을 펴서 말리우자、

코카사쓰山中에서 도망해온 토끼처럼
둘러리를 빙빙 돌며 肝을 지키자、

내가 오래 기르든 여윈 독수리야!
와서 뜯어 먹어라、시름없이

너는 살지고
나는 여위여야지, 그러나,

거북이야!
다시는 龍宮의 誘惑에 안떨어진다.

푸로메디어쓰 불상한 푸로메디어쓰
불 도적한 죄로 목에 맷돌을 달고
끝없이 沈澱하는 푸로메디어쓰,

一九四一・一一・二九

慰勞

거미란 놈이 흉한 심보로 病院 뒷뜰 난간과 꽃밭사이
사람발이 잘 닿지 않는 곳에 그물을 쳐 놓았다。屋外
療養을 받는 젊은 사나이가 누어서 치어다 보기 바드
게——

나비가 한마리 꽃밭에 날아 들다 그물에 걸리었다。
노ㅣ란 날개를 파득거려도 파득거려도 나비는 자꾸 감
기우기만 한다。거미가 쏜살같이 가더니 끝없는 끝없는

실을 뽑아 나비의 온몸을 감아 버린다. 사나이는 긴 한숨을 쉬었다.

나이 보담 무수한 고생끝에 때를 잃고 病을 얻은 이 사나이를 慰勞할 말이——거미줄을 헝클어 버리는 것밖에 慰勞의 말이 없었다.

一九四〇•一二•三

八福

마태福音 五章三—一二

슬퍼 하는자는 복이 있나니

슬퍼 하는자는 복이 있나니

슬퍼 하는자는 복이 있나니

슬퍼 하는자는 복이 있나니

슬퍼 하는자는 복이 있나니

슬퍼 하는자는 복이 있나니

슬퍼 하는자는 복이 있나니

슬퍼 하는자는 복이 있나니
저희가 永遠히 슬플 것이오。

못자는밤

하나、둘、셋、네
…………………
밤은
많기도 하다。

달 같 이

年輪이 자라듯이
달이 자라는 고요한 밤에
달같이 외로운 사랑이
가슴하나 빼근히
年輪처럼 피어 나간다。

一九三九·九·

고추밭

시들은 잎새속에서
고 빠알간 살을 드러 내 놓고、
고추는 芳年된 아가씬양
땍볕에 자꾸 익어간다。

할머니는 바구니를 들고
밭머리에서 어정거리고
손가락 너어는 아이는
할머니 뒤만 따른다。

一九三八·一〇·二六

아우의 印像畵

붉은 이마에 싸늘한 달이 서리어,
아우의 얼굴은 슬픈 그림이다.

발걸음을 멈추어
살그머니 애딘 손을 잡으며
「늬는 자라 무엇이 되려니」

「사람이 되지」
아우의 설은 진정코 설은 對答이다.

슬며시 잡았든 손을 놓고
아우의 얼골을 다시 들여다 본다。

짜늘한 달이 붉은 이마에 젖어
아우의 얼골은 슬픈 그림이다。

一九三八·九·一五

사랑의 殿堂

順아 너는 내 殿에 언제 들어왔든 것이냐?
내사 언제 네 殿에 들어갔든 것이냐?

우리들의 殿堂은
古風한 風習이 어린 사랑의 殿堂

順아 암사슴처럼 水晶눈을 나려감어라.
난 사자처럼 엉크린 머리를 고루련다.

우리들의 사랑은 한낱 벙어리였다。

聖스런 촛대에 熱한 불이 꺼지기 前
順아 너는 앞문으로 내 달려라。

어둠과 바람이 우리窓에 부닥치기 前
나는 永遠한 사랑을 안은채
뒷문으로 멀리 사라지련다。

이제 네게는 森林속의 아늑한 湖水가 있고
내게는 峻嶮한 山脈이 있다。

一九三八·六·一九

異蹟

발에 터부한 것을 다 빼어 바리고
黃昏이 湖水우로 걸어 오듯이
나도 삽분삽분 걸어 보리이까?

내사 이 湖水가로
부르는 이 없이
불리워 온것은
참말 異蹟이외다。

오늘 따라
戀情、自惚·猜忌、이것들이
자꾸 金메달처럼 만져지는구려

하나、내 모든 것을 餘念없이
물결에 씻어 보내려니
당신은 湖面으로 나를 불러 내소서.

一九三八·六·一五

비오는 밤

쏴ー 철석! 파도소리 문살에 부서져
짐 살포시 꿈이 흐터진다。
잠은 한날 검은 고래떼처럼 살래어、
달랠 아무런 재주도 없다。
불을 밝혀 잠옷을 정성스리 여미는
三更、
念願。

憧憬의 땅 江南에 또 洪水질것만 싶어、
바다의 鄕愁보다 더 호젓해진다。

一九三八・六・十一

산 골 물

괴로운 사람아 괴로운 사람아
옷자락 물결속에서도
가슴속 깊이 돌돌 샘물이 흘러
이박을 더부러 말할이 없도다。
거리의 소음과 노래 부를수 없도다。
그신듯이 냇가에 앉았으니
사랑과 일을 거리에 매끼고

가만히 가만히
바다로 가자,
바다로 가자、

遺言

후어ㅣㄴ한 房에
遺言은 소리 없는 입놀림.

바다에 眞珠캐려 갔다는 아들
海女와 사랑을 속사긴다는 맏아들
이밤에사 돌아 오나 내다 봐라——

平生 외롭든 아버지의 殞命
감기우는 눈에 슬픔이 어린다.

외딴집에 개가 짖고
휘양찬 달이 문살에 흐르는 밤。

一九三七•一〇•二四

窓

쉬는 時間마다
나는 窓옆으로 갑니다。

——窓은 산 가르침。

이글이글 불을 피워주소、
이방에 찬것이 서립니다。

단풍잎 하나

맴 도나 보니
아마도 작으마한 旋風이 인게웨다。

그래도 싸느란 유리창에
햇살이 쨍쨍한 무렵、
上學鐘이 울어만 싶습니다。

一九三七·一〇

바 다

질어다 뿌리는
바람 조차 씨원타。
솔나무 가지마다 샛춤히
고개를 돌리어 빼들어지고、
밀치고
밀치운다。

이랑을 넘는 물결은
폭포처럼 피어 오른다。

海邊에 아이들이 모인다
찰찰 손을 씻고 구보로。

바다는 자꼬 섧어진다。
갈매기의 노래에……

돌아다 보고 돌아다 보고
돌아가는 오늘의 바다여!

一九三七・九・
元山松濤園에서

毘盧峰

萬象을
굽어 보기란——

무릎이
오들오들 떨린다。

白樺
어려서 늙었다。

재가
나비가 된다。

정말 구름이
비가 된다。

옷 자탁이
칩다。

一九三七・九・

山峽의 午後

내 노래는 오히려
섧은 산울림。

골자기 길에
떨어진 그림자는
너무나 슬프구나
午後의 瞑想은
아— 졸려。

一九三七·九

瞑想

가츨가츨한 머리칼은 오막사리 처마끝、
쉬파람에 콧마루가 서운한양 간질키오。

들窓같은 눈은 가볍게 닫혀
이밤에 戀情은 어둠처럼 골골히 스며드오。

一九三七·八·二〇

소낙비

번개、뇌성、왁자지근 뚜다려
머ㅣㄴ 都會地에 落雷가 있어만 싶다。

벼루짱 엎어논 하늘로
살같은 비가 살처럼 쏟아진다。

손바닥만한 나의 庭園이
마음같이 흐린 湖水되기 일수다。

바람이 팽이처럼 돈다.
나무가 미리를 이루 잡지 못한다。

내 敬虔한 마음을 모셔드려
노아때 하늘을 한모금 마시다。

一九三七·八·九

寒暖計

싸늘한 大理石 기둥에 목아지를 비틀어맨 寒暖計、
문득 들여다 볼수 있는 運命한 五尺六寸의 허리 가는
水銀柱、
마음은 琉璃管보다 맑소이다。

血管이 單調로워 神經質인 輿論動物、
가끔 噴水같은 冷침을 억지로 삼키기에
精力을 浪費합니다。

零下로 손구락질 할 수돌네 房처럼 치운 겨울보다
해바라기 滿發한 八月校庭이 理想곺소이다。

피끓을 그날이——

어제는 막 소나비가 퍼붓더니 오늘은 좋은 날세올시다。
동저고리 바람에 언덕으로、숲으로 하시구려——
이렇게 가만 가만 혼자서 귓속이야 기를 하였읍니다。
나는 또 내가 모르는 사이에——
나는 아마도 眞實한 世紀의 季節을 따라——

하늘만 보이는 울타리 안을 뛰쳐、
歷史같은 포지숀을 지켜야 봅니다。

—一九三七•七•一—

風景

봄바람을 등진 초록빛 바다
쏟아질듯 쏟아질듯 위트롭다。

잔주름 치마폭의 두둥실거리는 물결은、
오스라질듯 한끝 輕快롭다。
마스트끝에 붉은 旗ㅅ발이
女人의 머리칼처럼 나부낀다。

☆ ☆

이 생생한 風景을 앞세우며 뒤세우며
외―ㄴ 하로 거닐고 싶다。
―우중충한 五月하늘 아래로、
―바다빛 포기포기에 繡놓은 언덕으로、

一九三七・五・二九

달 밤

흐르는 달의 흰 물결을 밀쳐
여윈 나무그림자를 밟으며
北邙山을 向한 발걸음은 무거웁고
孤獨을 伴侶한 마음은 슬프기도 하다。

누가 있어만 싶은 墓地엔 아무도 없고、
靜寂만이 군데군데 흰물결에 폭 젖었다。

一九三七·四·十五

장

이른 아침 아낙네들은 시들은 生活을
바구니 하나 가득 담아 이고……
업고 지고…… 안고 들고……
모여드오 자꾸 장에 모여드오。

가난한 生活을 골골이 버려놓고
밀려가고 밀려오고……
제마다 生活을 외치오…… 싸우오。

왼하로 올망졸망한 生活을
되질하고 저울질하고 자질하다가
날이 저물어 아낙네들이
쓴 生活과 바꾸어 또 이고 돌아가오。

一九三七· 봄

밥

오양간 당나귀
아―ㅇ 외 마디 울음울고、
당나귀 소리에
으―아 아 애기 소스라처 깨고、
등잔에 불을 다오。
아버지는 당나귀에게

잛을 한키 담아 주고、
어머니는 애기에게
젓을 한모금 먹이고、
밤은 다시 고요히 잠드오。

一九三七・三・

黃昏이 바다가 되어

하로도 검푸른 물결에
흐느적 잠기고…… 잠기고……

저— 왼 검은 고기떼가
물든 바다를 날아 橫斷할고,

落葉이 된 海草
海草마다 슬프기도 하오。

西窓에 걸린 해말간 風景畵。
옷고름 너어는 孤兒의 서름。

이제 첫 航海하는 마음을 먹고
방바닥에 나딩구오…… 딩구오……

黃昏이 바다가 되어
오늘도 數많은 배가
나와 함께 이 물결에 잠겼을게오。

一九三七。一

아 침

휙、휙、휙、
소꼬리가 부드러운 채찍질로
어둠을 쫓아、
캄、캄、어둠이 깊다깊다 밝으오。

이제 이 洞里의 아침이
풀살 오른 소엉덩이처럼 푸드오。
이 洞里 콩죽 먹은 사람들이
땀물을 뿌려 이 여름을 길렀오。

잎、잎、풀잎마다 땀방울이 맺혔오。
구김살 없는 이 아침을
深呼吸하오 또 하오。

一九三六

빨래

빨래줄에 두 다리를 드리우고
흰 빨래들이 귓속 이야기 하는 午後、

쨍쨍한 七月햇발은 고요히도
아담한 빨래에만 달린다。

一九三六

꿈은 깨어지고

잠은 눈을 떴다
그윽한 幽霧에서。

노래 하든 종달이
도망쳐 날아나고、

지난날 봄타령하든
금잔디밭은 아니다。

塔은 무너졌다、

붉은 마음의 塔이──
손톱으로 새긴 大理石塔이──
하로저녁 暴風에 餘地없이도、

오오 荒廢의 쑥밭、
눈물과 목메임이여!

꿈은 깨어졌다
塔은 무너졌다。

一九三六、七、二七

山林

時計가 자근자근 가슴을 따려
不安한 마음을 山林이 부른다。

千年 오래인 年輪에 짜들은 幽暗한 山林이、
고달픈 한몸을 抱擁할 因緣을 가졌나보다。

山林의 검은 波動우으로부터
어둠은 어린 가슴을 짓밟고

이파리를 흔드는 저녁바람이
좌— 恐怖에 떨게한다。
멀리 첫여름의 개고리 재질댐에
흘러간 마을의 過去는 아질타。
나무름으로 반짝이는 별만이
재날의 希望으로 나를 이끈다。

一九三六•六•二六

이런날

사이좋은 正門의 두 돌기둥 끝에서
五色旗와 太陽旗가 춤을 추는 날、
금을 그은 地域의 아이들이 즐거워 하다。

아이들에게 하로의 乾燥한 學課로
해말간 倦怠가 깃들고
「矛盾」 두자를 理解치 못하도록
머리가 單純하였구나。

이런 날에는
잃어 버린 頑固하던 兄을
부르고 싶다.

一九三六·六·一〇

山 上

거리가 바둑판처럼 보이고、
江물이 배암의 새끼처럼 기는
山우에까지 왔다。
아직쯤은 사람들이
바둑돌처럼 비려있으리라。
한나절의 太陽이
함석지붕에만 비치고、
굼벵이 걸음을 하든 汽車가

停車場에 섰다가 검은 내를 吐하고
또 걸음발을 탄다。

텐트같은 하늘이 무너져
이 거리를 덮을가 궁금하면서
좀더 높은데로 올라가고 싶다。

一九三六•五

陽地쪽

저쪽으로 黃土 실은 이땅 봄바람이
胡人의 물레바퀴처럼 돌아 지나고

아롱진 四月太陽의 손길이
壁을 등진 섧은 가슴마다 올올히 만진다。

地圖째기 놀음에 뉘 땅인줄 모르는 애 들이
한 뼘 손가락이 짧음을 恨함이어

아서라! 가뜩이나 엷은 平和가
깨어질까 근심스럽다.

一九三六・六

닭

한間 鷄舍 그넘어 蒼空이 깃들어
自由의 鄕土를 잊은 닭들이
시들은 生活을 주잘대고
生産의 苦勞를 부르짖었다。

陰酸한 鷄舍에서 쏠려나온
外來種 레구홍、
學園에서 새무리가 밀려나오는
三月의 맑은 午後도 있다。

닭들은 녹아드는 두엄을 파기에
雅淡한 두 다리가 奔走하고
굶주렸든 주두리가 바즈런하다.
두눈이 붉게 여므도록——

一九三六・봄

가슴 1

소리 없는 북、
답답하면 주먹으로
뚜다려 보오
그래 봐도
후ㅡ
가아는 한숨보다 못하오。

一九三六・三・二五
平壤에서

가슴 2

불 꺼진 火독을
안고 도는 겨울밤은 깊었다。

재(灰)만 남은 가슴이
문풍지 소리에 떤다。

一九三六・七・二四

비 둘 기

안아보고싶게 귀여운
산비들기 일곱마리
하늘끝까지 보일듯이 맑은 공일날 아침에
벼를 거두어 빤빤한 논에
앞을 다투어 모이를 주으며
어려운 이야기를 주고 받으오
날신한 두나래로 조용한 공기를 흔들어

두마리가 나오
집에 새끼 생각이 나는 모양이오.

一九三六・三・一〇

黃昏

햇살은 미닫이 틈으로
길죽한 一字를 쓰고…… 지우고……

까마귀떼 지붕 우으로
둘、둘、셋、넷、자꼬 날아 지난다。
쑥쑥、꿈틀꿈틀 北쪽 하늘로、

내사……
北쪽 하늘에 나래를 펴고 싶다。

一九三六•二•二五
平壤에서

南쪽 하늘

제비는 두 나래를 가지었다.
시산한 가을날——

어머니의 젖가슴이 그리운
서리 나리는 저녁——

어린 靈은 쪽나래의 鄕愁를 타고
南쪽 하늘에 떠 돌뿐——

一九三五·一〇
平壤에서

蒼空

그 여름날
熱情의 포푸라는
오려는 蒼空의 푸른 젓가슴을
어루만지며
팔을 펼쳐 흔들거렸다。
끓는 太陽그늘 좁다란 地點에서
天幕같은 하늘밑에서
떠들던、소나기
그리고 번개를、

춤추든 구름은 이끌고
南方으로 도망하고、
높다랗게 蒼空은 한폭으로
가지우에 퍼지고
둥근달과 기러기를 불러왔다。

푸드른 어린마음이 理想에 타고、
그의 憧憬의날 가을에
凋落의 눈물을 비웃다。

一九三五・一〇・二〇
平壤에서

거리에서

달밤의 거리
狂風이 휘날리는
北國의 거리
都市의 眞珠
電燈밑을 헤염치는
조그만 人魚 나、
달과 전등에 비쳐
한몸에 둘셋의 그림자、
커졌다 작아졌다。

괴롬의 거리
灰色빛 밤거리를
걷고 있는 이 마음
旋風이 일고 있네
외로우면서도
한갈피 두갈피
피어나는 마음의 그림자、
푸른 空想이
높아졌다 낮아졌다。

一九三五·一·一八

삶과 죽음

삶은 오늘도 죽음의 序曲을 노래하였다。
이 노래가 언제나 끝나랴

세상사람은—
뼈를 녹여내는듯한 삶의 노래에
춤을 춘다
사람들은 해가 넘어가기전
이 노래 끝의 恐怖를
생각할 사이가 없었다。

하늘 복판에 알새기 듯이
이 노래를 부른者가 누구뇨

그리고 소낙비 그친뒤같이도
이 노래를 그친者가 누구뇨

죽고 뼈만 남은
죽음의 勝利者 偉人들!

一九三四·一二·二四

초 한 대

초 한대—
내방에 품긴 향내를 맡는다.

光明의 祭壇이 무너지기전
나는 깨끗한 祭物을 보았다.

염소의 갈비뼈같은 그의 몸,
그의 生命인 心志까지
白玉같은 눈물과 피를 흘려
불살려 버린다.

그리고도 책상머리에 아롱거리며
선녀처럼 촛불은 춤을 춘다。
매를 본 꿩이 도망하듯이
暗黑이 창구멍으로 도망한
나의 방에 품긴
祭物의 偉大한 香내를 맛보노라。

一九三四・一二・二四

4

산울림

까치가 울어서
산울림、
아무도 못들은
산울림、

까치가 들었다、
산울림、
저혼자 들었다、
산울림、

一九三八·五

해바라기 얼굴

누나의 얼굴은
해바리기 얼굴
해가 금방 뜨자
일터에 간다.

해바라기 얼굴은
누나의 얼굴
얼굴이 숙어들어
집으로 온다.

귀뜨라미와 나와

귀뜨라미와 나와
잔디밭에서 이야기 했다.

귀뜰귀뜰
귀뜰귀뜰

아무게도 아르켜 주지말고
우리둘만 알자고 약속했다.

귀뚤귀뚤
귀뚤귀뚤
귀뜨라미와 나와
달밝은 밤에 이야기했다.

애기의 새벽

우리집에는
닭도 없단다。
다만
애기가 젖달라 울어서
새벽이 된다。

우리집에는
시계도 없단다。
다만

애기가 젖달라 보채여
새벽이 된다。

햇빛·바람

손가락에 침발러
쏘옥、쏙、쏙・
장에 가는 엄마 내다보려
문풍지를
쏘옥、쏙、쏙、

아침에 햇빛이 빤짝、
손가락에 침발러

쏘옥、 쏙、 쏙、
장에 가신 엄마 돌아오나
문풍지를
쏘옥、 쏙、 쏙、

저녁에 바람이 솔솔、

반디불

가자 가자 가자
숲으로 가자
달조각을 주으려
숲으로 가자。

그믐밤 반디불은
부서진 달조각、

가자 가자 가자

숲으로 가자
달조각을 주으려
숲으로 가장.

둘 다

바다도 푸르고
하늘도 푸르고

바다도 끝없고
하늘도 끝없고

바다에 돌던지고
하늘에 침뱉고

바다는 벙글
하늘은 잠잠。

거짓부리

똑、똑、똑、
문좀 열어 주세요
하루밤 자고 갑시다。
　밤은 깊고 날은 추운데
거 누굴까?
문열어 주고 보니
검둥이의 꼬리가
거짓부리한걸。

꾜기요、 꾜기요、
달걀 낳았다。
간난아 어서 집어 가거라
간난이 뛰어가 보니
달걀은 무슨 달걀、
고놈의 암탉이
대낮에 새빨간
거짓부리 한걸。

눈

지난밤에
눈이 소오복이 왔네
지붕이랑
길이랑 밭이랑
추워 한다고
덮어주는 이불인가바

그러기에
추운 겨울에만 나리지

一九三六·一二·

참새

가을지난 마당은 하이얀종이
참새들이 글씨를 공부하지요.

째액째액 입으로 받아읽으며
두발로는 글씨를 연습하지요.

하로종일 글씨를 공부하여도
짹자한자 밖에는 더못쓰는걸.

一九三六. 一二.

버선본

어머니
누나 쓰다버린 습자지는
두었다간 뭣에 쓰나요?

그런줄 몰랐드니
습자지에다 내버선 놓고
가위로 오려
버선본 만드는걸.

어머니
내가 쓰다버린 몽당연필은
두었다간 뭣에 쓰나요?

그런줄 몰랐드니
천우에다 버선본 놓고
침발려 점을 찍곤
내버선 만드는걸。

一九三六·一二

편지

누나!
이 겨울에도
눈이 가득히 왔읍니다.

흰 봉투에
눈을 한줌 넣고
글씨도 쓰지 말고
우표도 붙이지 말고
말숙하게 그대로

편지를 부칠가요?

누나 가신 나라엔
눈이 아니 온다기에.

봄

우리 애기는
아래발치에서 코올코올,

고양이는
부뜨막에서 가릉가릉,

애기 바람이
나무가지에서 소올소올,

아저씨 햇님이
하늘한가운데서 째앵 째앵.

一九三六•一〇

무얼 먹구 사나

바닷가 사람
물고기 잡아 먹고 살고

산골엣 사람
감자 구어 먹고 살고

별나라 사람
무얼 먹고 사나.

一九三六·一〇

굴뚝

산골작이 오막사리 낮은 굴뚝엔
뭉기뭉기 웨인연기 대낮에 솟나、

감자를 굽는게지 총각애들이
깜박깜박 검은눈이 모여 앉어서
입술에 꺼멓게 숯을 바르고
옛이야기 한커리에 감자 하나씩。

산골작이 오각사리 낮은 굴뚝엔
살랑살랑 솟아나네 감자 굽는내。

一九三六· 가을

햇 비

아씨처럼 나린다
보슬보슬 해ㅅ비
맞아주자 다같이
옥수숫대 처럼 크게
닷자엿자 자라게
햇님이 웃는다
나보고 웃는다.

하늘다리 놓였다

알롱알롱 무지개
노래하자 즐겁게
동무들아 이리 오나
다같이 춤을추자
햇님이 웃는다
즐거워 웃는다

一九三六•九•九

빗자루

요오리 조리 베면 저고리 되고
이이렇게 베면 큰 총되지.

누나하고 나하고
가위로 종이 쏠았더니
어머니가 빗자루 들고
누나하나 나하나
엉덩이를 때렸소
방바닥이 어지럽다고——

아아니 아니

고놈의 빗자루가

방바닥 쓸기 싫으니

그랬지 그랬어

괘씸하여 벽장속에 감췄드니

이튿날 아침 빗자루가 없다고

어머니가 야단이지요。

一九三六・九・九

기왓장 내외

비오는날 저녁에 기왓장내외
잃어버린 외아들 생각나선지
꼬부라진 잔등을 어루만지며
쭈룩쭈룩 구슬피 울음웁니다.

대궐지붕 위에서 기왓장내외
아름답든 옛날이 그리워선지
주름잡힌 얼굴을 어루만지며
물끄럼히 하늘만 쳐다봅니다.

오줌싸개지도

빨래줄에 걸어논
요에다 그린지도
지난밤에 내동생
오줌싸 그린지도

꿈에 가본 엄마계신
별나라 지돈가?
돈벌러간 아빠계신
만주땅 지돈가?

一九三六.

병아리

「뾰、뾰、뾰
엄마 젖 좀 주」
병아리 소리。

「꺾、꺾、꺾、
오냐 좀 기다려」
엄마닭 소리。

좀 있다가

병아리들은
엄마품 속으로
다 들어 갔지요.

一九三六·一·六

조개껍질

아롱아롱 조개껍대기
울언니 바다가에서
주어온 조개껍대기

여긴여긴 북쪽나라요
조개는 귀여운선물
장난감 조개껍대기

데굴데굴 굴리며놀다

짝잃은 조개껍대기
한짝을 그리워하네

아롱아롱 조개껍대기
나처럼 그리워하네
물소리 바다물소리。

一九三五•一二

겨 울

처마 밑에
시래기 다래미
바삭바삭
추어요。

길바닥에
말똥 동그램이
달랑달랑
얼어요。

5

트루게네프의 언덕

나는 고개길을 넘고 있었다…… 그 때 세 少年거지가 나를 지나쳤다。

첫재 아이는 잔등에 바구니를 둘러메고、바구니 속에는 사이다병、간즈메통、쇳조각、헌 양말짝等 廢物이 가득하였다。

둘재 아이도 그러하였다。

셋재 아이도 그러하였다。

텁수룩한 머리털 시커먼 얼굴에 눈물 고인 充血된 눈、色잃어 푸르스럼한 입술、너들너들한 襤褸、찢겨진

맨발、

아아 얼마나 무서운 가난이 이 어린 少年들을 삼키였느냐!

나는 惻隱한 마음이 움직이였다。

나는 호주머니를 뒤지었다。 두툼한 지갑、時計、손수건、…… 있을 것은 죄다 있었다。

그러나 무턱대고 이것들을 내줄 勇氣는 없었다。 손으로 만지작 만지작 거릴뿐이었다。

多情스레 이야기나 하리라하고「애들아」 불러보았다。

첫재 아이가 充血된 눈으로 흘끔 돌아다 볼뿐이었다。

둘재아이도 그러할 뿐이었다。

셋째아이도 그러할뿐이었다。

그리고는 너는 相關없다는듯이 自己네 끼리 소근소근

이야기하면서 고개로 넘어 갔다。

언덕우에는 아무도 없었다。

질어가는 黃昏이 밀려들뿐

一九三九・九

달을 쏘다

번거롭던 四圍가 잠잠해 지고 時計소리가 또렷하나 보니 밤은 저욱히 깊을대로 깊은 모양이다。보든 冊子를 冊床 머리에 밀어놓고 잠자리를 수습한 다음 잠옷을 걸치는 것이다。「딱」스윗치 소리와 함께 電燈을 끄고 窓역의 寢臺에 드러누으니 이때까지 밝은 휘양찬 달밤이었든 것을 感覺치 못하였었다。이것도 밝은 電燈의 惠澤이었을가。

나의 陋醜한 房이 달빛에 잠겨 아름다운 그림이 된다는 것보담도 오히려 슬픈 船艙이 되는 것이다。창살이 이마로부터 코마루、입술 이렇게 하얀 가슴에 여맨

손등에까지 어른거려 나의 마음을 간지르는 것이다。옆에 누운 분의 숨소리에 房은 무시무시해 진다。아이처럼 황황해지는 가슴에 눈을 치떠서 밖을 내다보니 가을하늘은 역시 맑고 우거진 松林은 한폭의 畵墨다。달빛은 솔가지에 솔가지에 쏟아져 바람인양 솨— 소리가 날듯하다。들리는 것은 時計소리와 숨소리와 귀또리울음뿐 벅쩍 고던 寄宿舍도 절깐보다 더 한층 고요한 것이 아니냐?

나는 깊은 思念에 잠기우기 한창이다。따는 사랑스런 아가씨를 私有할수 있는 아름다운 想華도 좋고、어린적 未練을 두고 온 故鄕에의 鄕愁도 좋거니와 그보담 손쉽게 表現못할 深刻한 그 무엇이 있다。

바다를 건너 온 H君의 편지사연을 곰곰 생각할수록

사람과 사람사이의 感情이란 微妙한 것이다。 感傷的인 그에게도 必然코 가을은 왔나 보다。

편지는 너무나 지나치지 않었던가。 그中 한토막、

「君아 나는 지금 울며울며 이 글을 쓴다。 이 밤도 달이 뜨고、 바람이 불고、 人間인 까닭에 가을이란 흙냄새도 안다。 情의 눈물、 따뜻한 藝術學徒였던 情의 눈물도 이 밤이 마지막이다。」

또 마지막 켠으로 이런 句節이 있다。

「당신은 나를 永遠히 쫓아버리는 것이 正直할 것이오。」

나는 이 글의 뉴안쓰를 解得할수 있다。 그러나 事實 나는 그에게 아픈 소리 한 마디 한 일이 없고 설은 글 한속 보낸 일이 없지 아니한가。 생각컨대 이 罪는 다만 가은에게 지워 보낼수 밖에 없다。

紅顔書生으로 이란 斷案을 나리는 것은 외람한 일이나 동무란 한낱 괴로운 存在요 友情이란 진정코 위태로운 잔에 떠 놓은 물이다。이 말을 反對할者 누구랴。그러나 知己 하나 얻기 힘든다 하거늘 알뜰한 동무 하나 잃어버린다는 것이 살을 베어내는 아픔이다。

나는 나를 庭園에서 發見하고 窓을 넘어 나왔다든가 房門을 열고 나왔다는가 왜 나왔느냐 하는 어리석은 생각에 頭腦를 괴롭게 할 必要는 없는 것이다。다만 귀뜨람이 울음에도 수집어지는 코쓰모쓰 앞에 그윽히 서서 딱터•삐링쓰의 銅像 그림자처럼 슬퍼지면 그만이다。나는 이 마음을 아무에게나 轉嫁시킬 심보는 없다。옷깃은 敏感이어서 달빛에도 싸늘히 추어지고 가을 이슬

이란 선득선득하여서 설은 사나이의 눈물인 것이다。

발걸음은 몸둥이를 옮겨 못가에 세워줄때 못속에도 역시 가을이 있고、三更이 있고、나무가 있고、달이 있다。

그 刹那 가을이 怨望스럽고 달이 미워진다。 더듬어 돌을 찾어 달을 向하야 죽어라고 팔매질을 하였다。 痛快!

달은 散散히 부서지고 말았다。 그러나 놀랐든 물결이 자자들때 오래잖아 달은 도로 살아난 것이 아니냐、문득 하늘을 처다보니 얄미운 달은 머리우에서 빈정대는 것을……

나는 곳곳한 나무가지를 고나 띠를 째서 줄을 메워 훌륭한 활을 만들었다。 그리고 좀 탄탄한 갈대로 화살을 삼아 武士의 마음을 먹고 달을 쏘다。

一九三八●一〇

별똥 떨어진데

밤이다。

하늘은 푸르다 못해 濃灰色으로 캄캄하나 별들만은 또렷또렷 빛난다。침침한 어둠뿐만 아니라 오삭오삭 춥다。이 육중한 氣流가운데 自嘲하는 한 젊은이가 있다。그를 나라고 불러두자。

나는 이 어둠에서 胚胎되고 이 어둠에서 生長하여서 아직도 이 어둠속에 그대로 生存하나 보다。어제 내가 갈곳이 어딘지 몰라 허우적거리는 것이다。하기는 나는 世紀의 焦點인듯 憔悴하다。얼핏 생각하기에는 내 바닥을 반듯이 받들어 주는 것도 없고 그렇다고 내 머리를 갑박이 나려누르는 아그것도 없는 듯하다 마는 內幕은 그

렵지도 않다。나는 도무지 自由스렵지 못하다。다만 나는 없는듯 있는 하로사리처럼 虛空에 浮遊하는 한點에 지나지 않는다。이것이 하로사리처럼 輕快하다면 마침 多幸할 것인데 그렇지들 못하구나!

이 點의 對稱位置에 또하나 다른 밝음(明)의 焦點이 도사리고 있는듯 생각키다。덥석 웅키었으면 잡힐듯도 하다。

마는 그것을 휘잡기에는 나 自身이 鈍質이라는것보다 오히려 내 마음에 아무런 準備도 배포치 못한것이 아니냐。그리고 보니 幸福이란 별스런 손님을 불러 들이기에도 또다른 한가닥 구실을 치르지 않으면 안될가 보다。

이밤이 나에게 있어 어린적처럼 한날 恐怖의 장막인

것은 벌서 흘러간 傳說이오。따라서 이밤이 享樂의 도가니라는 이야기도 나의 念願에선 아직 消化시키지 못할 돌덩이다。오로지 밤은 나의 挑戰의 好敵이면 그만이다。

이것이 생생한 觀念世界에만 머물은다면 애석한 일이다。어둠속에 깜박깜박 조을며 다닥다닥 나라니한 草家들이 아름다운 詩의 華詞가 될수 있다는 것은 벌서 지나간 쩨네레슌의 이야기요、오늘에 있어서는 다만 말못하는 悲劇의 背景이다。

이제 닭이 홰를 치면서 맵짠 울음을 뽑아 밤을 쫓고 어둠을 즛내몰아 동켠으로 휘─ㄴ히 재벽이란 재로운 손님을 불러온다 하자。하나 輕妄스럽게 그리 반가워할 것은 없다。보아라 假令 재벽이 왔다 하더래도 이

마을은 그대로 暗澹하고 나도 그대로 暗澹하고 하여서 너나 나나 이 가랑지길에서 躊躇 躊躇 아니치 못할 存在들이 아니냐.

나무가 있다.

그는 나의 오랜 이웃이요 벗이다. 그렇다고 그와 내가 性格이나 環境이나 生活이 共通한데 있어서가 아니다. 말하자면 極端과 極端사이에도 愛情이 貫通할수 있다는 奇蹟的인 交分의 標本에 지나지 못할 것이다.

나는 처음 그를 퍽 不幸한 存在로 가소롭게 여겼다. 그의 앞에 설때 슬퍼지고 惻隱한 마음이 앞을 가리군 하였다. 마는 도리켜 생각컨대 나무처럼 幸福한 生物은 다시 없을듯 하다. 굳음에는 이루 비길데 없는 바위에도 그리 탐탁치는 못할망정 滋養分이 있다 하거늘 어디로 간들 生의 뿌리를 박지 못하며 어디로 간들 生活의 不平이 있을소냐、 척척하면 솔솔 솔바람이 불어오고、 심심하면 재가 와서 노래를 부르다 가고、 촐촐하면 한줄기 비가 오고、 밤이면 數많은 별들과 오손도손 이야기 할수 있고 —— 보다 나무는 行動의 方向이란 거치장스런 課題에 逢着하지 않고 人爲的으로든 偶然으로서든 誕生시켜 준 자리를 지켜 無盡無窮한 營養素를 吸取하고 玲瓏한 햇빛을 받아드려 손쉽게 生活을 營爲하고 오로지 하늘만 바라고 뻗어질수 있는것이 무엇보다 幸福스럽지 않으냐。

이밤도 課題를 풀지 못하야 안타까운 나의 마음에 나무의 마음이 漸漸 옮아오는듯 하고、 行動할수 있는 자랑을 자랑치 못함에 뼈저리듯 하나 나의 젊은 先輩의

雄辯에 曰 先輩도 믿지못할 것이라니 그러면 恰悧한 나무에게 나의 方向을 물어야 할것인가。
어디로 가야 하느냐 東이 어디냐 西가 어디냐 南이 어디냐 아차! 저별이 번적 흐른다。별똥 떨어진 데가 내가 갈곳인가 보다。하면 별똥아! 꼭 떨어져야할 곳에 떨어져야 한다。

花園에 꽃이 핀다

개나리、진달래、안즌방이、라이락、문들레、젤디、복사、들장미、해당화、모란、릴리、창포、추립、카네슌、봉선화、백일홍、채송화、다리아、해바라기、코쓰모쓰――코쓰모쓰가 훌훌히 떨어지는날 宇宙의 마지막은 아닙니다。여기에 푸른하늘이 높아지고 빨간 노란 단풍이 꽃에 못지않게 가지마다 물들었다가 귀또리울음이 끊어짐과함께 단풍의 세계가 무너지고 그 우에 하로밤 사이에 소복이 흰눈이 나려나려 쌓이고 火爐에는 빨간 숯불이 피어오르고 많은 이야기와 많은 일이 이 화로가에서 이루어집니다。

讀者諸賢! 여러분은 이글이 씌워지는 때를 獨特한 季節로 짐작해서는 아니됩니다。 아니、봄、여름、가을、겨을、어느 철로나 想定하셔도 無妨합니다。 사실 一年 내내 봄일수는 없읍니다。 하나 이 花園에는 사철내 봄이 靑春들과 함께 싱싱하게 둥대하여 있다고 하면 過分한 自己宣傳일가요。 하나의 꽃밭이 이루어지도록 손쉽게 되는 것이 아니라 고생과 努力이 있어야 하는 것입니다。 따는 얼마의 單語들 모아 이 拙文을 지적거리는 데도 내 머리는 그렇게 明晳한 것은 못됩니다。 한해동안을 내 頭腦로서가 아니라 몸으로서 일일히 헤아려 細胞사이마다 간직해 두어서야 몇줄의 글이 일우어집니다。 그리하야 나에게 있어 글을 쓴다는 것이 그리 즐거운 일일수는 없읍니다。 봄바람의 苦悶에 짜들고 綠陰의 倦怠에 시들고、

가을하늘 感傷에 울고、爐邊의 思索에 졸다가 이 몇줄의 글과 나의 花園과 함께 나의 一年은 이루어 집니다。

시간을 먹는다는 (이말의 意義와 이말의 妙味는 칠판앞에 서보신 분과 칠판밑에 앉아 보신 분은 누구나 아실것입니다) 것은 確實히 즐거운 일인에 틀림 없읍니다。 하루를 休講한다는것보다 (하긴 슬그머니 까먹어 버리면 그만이지만) 다못 한시간、宿題를 못해왔다든가 따분하고 졸리고 한때、한시간의 休講은 진실로 살로 가는 것이어서、萬一 敎授가 不便하여서 못나오셨다고 하더라도 미처 우리들의 禮儀를 갖출 사이가 없는 것입니다。 그러나 이것을 우리들의 망발과 時間의 浪費라고 速斷하셔서 아니됩니다。 여기에 花園이 있읍니다。 한포기

푸른 풀과 한떨기의 붉은 꽃과 함께 웃음이 있읍니다。노ー트장을 적시는 것보다 汗牛充棟에 무쳐 글줄과 씨름하는 것보다 더 正確한 眞理를·探求할수 있을런지、보다 더 많은 知識을 獲得할수 있을런지、보다 더 効果的인 成果가 있을지를 누가 否認하겠읍니까。

나는 이 貴한 時間을 슬그머니 동무들을 떠나서 단 혼자 花園을 거닐수 있읍니다。단 혼자 꽃들과 풀들과 이야기할수 있다는 것이 얼마나 多幸한 일이겠읍니까。참말 나는 溫情으로 이들을 대할수 있고 그들은 나를 웃음으로 나를 맞어 줍니다。그 웃음을 눈물로 對한다는 것은 나의 感傷일가요。孤獨、靜寂도 確實히 아름다운 것임에 틀림이 없으나、여기에 또 서로 마음을 주는 동무가 있는 것도 多幸한 일이 아닐수 없읍니다。우리 花

園속에 모인 동무들 중에、 집에 學費를 請求하는 편지를 쓰는 날 저녁이면 생각하고 생각하든 끝 겨우 몇줄 써 보낸다는 A君、 기뻐해야할 書留(通稱月給封套)를 받어든 손이 떨린다는 B君、 자랑을 爲하야서는 밥맛을 잃고 잠을 잊어버린다는 C君、 思想的撞着에 自殺을 期約한다는 D君…… 나는 이 여러 동무들의 갸륵한 心情을 내것인 것처럼 理解할수 있읍니다。 서로 너그러운 마음으로 對할수 있읍니다。

나는 世界觀、人生觀、이런 좀더 큰 問題보다 바람과 구름과 햇빛과 나무와 友情、이런것들에 더 많이 괴로워해 왔는지도 모르겠읍니다。 단지 이 말이 나의 逆說이나、나自身을 흐리우는데 지날뿐일가요。一般은 現代 學生道德이 腐敗했다고 말합니다。스승을 섬길줄을 모른다고들 합니다。옳은 말씀들입니다。부끄러울 따름입니다。하나 이 결함은 괴로워하는 우리들 어깨에 지워 曠野로 내쫓아 버려야 하나요、우리들의 아픈데를 알아주는 스승、우리들의 생채기를 어루만져주는 따뜻한 世界가 있다면 剝脫된 道德일지언정 기우려 스승을 眞心으로 尊敬하겠읍니다。溫情의 거리에서 원수를 만나면 손목을 붙잡고 목놓아 울겠읍니다。

世上은 해를 거듭 砲聲에 떠들석하건만 극히 조용한 가운데 우리들 동산에서 서로 融合할수있고 理解할수 있고 從前의 ×가 있는 것은 時勢의 逆効果일까요。

봄이 가고、여름이 가고、가을、코쓰모쓰가 홀홀히 떨어지는 날 宇宙의 마지막은 아닙니다。단풍의 世界가 있고——履霜而堅氷至——서리를 밟거든 어름이 굳어질 것을 각오하라가 아니라、우리는 서리발에 끼친 落葉을 밟으면서 멀리 봄이 올것을 믿습니다。

爐邊에서 많은 일이 이뤄질 것입니다。

終始

終点이 始点이 된다。 다시 始点이 終点이 된다。

아침 저녁으로 이 자국을 밟게 되는데 이 자국을 밟게 된 緣由가 있다。 일즉이 西山大師가 살았을듯한 우거진 松林 속、 게다가 뎅그러시 살림집은 외따로 한채뿐이었으나 食口로는 굉장한것이어서 한 지붕 밑에서 八道 사투리를 죄다 들을 만큼 모아놓은 미끈한 壯丁들만이 욱실욱실 하였다。 이곳에 法令은 없었으나 女人禁納區였다。 萬一 强心臟의 女人이 있어 不意의 侵入이 있다면 우리들의 好奇心을 저윽히 자아내었고 房마다 새로운 話題가 생기군 하였다。 이렇듯 修道生活에 나는 소라속처럼 安堵하였든 것이다。

事件이란 언제나 큰데서 動機가 되는것보다 오히려 적은데서 더 많이 發作하는 것이다。

눈 온 날이었다。同宿하는 친구의 친구가 한時間 남짓한 門안 들어가는 車時間까지를 浪費하기 爲하야 나의 친구를 찾어 들어와서 하는 對話였다。

「자네 여보게 이집 귀신이 되려나?」

「조용한게 공부하기 자키나 좋잖은가」

「그래 책장이나 뒤적뒤적하면 공분줄 아나、電車간에서 내다 볼수있는 光景、停車場에서 맛볼수있는 光景、다시 汽車 속에서 對할수 있는 모든 일들이 生活아닌 것이 없거든 生活때문에 싸우는 이 雰圍氣에 잠겨서、보고、생각하고、分析하고、이거야 말로 眞正한 意味의 教育이 아니겠는가 여보게! 자네 책장만 뒤지고 人生

이 어드렇니 社會가 어드렇니 하는것은 十六世紀에서나 찾어볼 일일세、斷然 門안으로 나오도록 마음을 돌리게」

나 한데 하는 勸告는 아니었으나 이 말에 귀틈이 뚫려 상푸둥 그러리라고 생각하였다。非但 여기만이 아니라 人間을 떠나서 道를 닦는다는 것이 한낱 娛樂이오、娛樂이매 生活이 될수 없고 生活이 없으매 이 또한 죽은 공부가 아니랴。공부도 生活化하여야 되리라 생각하고 불일내에 門안으로 들어가기를 內心으로 斷定해 버렸다。그뒤 每日같이 이 자국을 밟게 된 것이다。

나만 일직이 아침거리의 새로운 感觸을 맛볼줄만 알었더니 벌서 많은 사람들의 발자욱에 鋪道는 어수선할대로 어수선했고 停留場에 머물때마다 이 많은 무리를 죄다 꾸역꾸역 자꾸 바아 싣는데 늙은이 젊은이 아이 할것 없이 손에 꾸러미를 안든 사람은 없다。이것이 그들 生活의 꾸러미요、同時에 倦怠의 꾸러민지도 모르겠다。이 꾸러미를 든 사람들의 얼굴을 하나하나씩 뜯어 보기로 한다。늙은이 얼굴이란 너무 오래 世波에 짜들어서 問題도 안되겠거니와 그 젊은이들 낯짝이란 도무지 말씀이 아니다。열이면 열이 다 憂愁 그것이오、百이면 百이 다 悲慘 그것이다。이들에게 우슴이란 가믈에 콩싹이다。필경 귀여우리라는 아이들의 얼굴을 보는수 밖에 없는데 아이들의 얼굴이란 너무나 蒼白하다。或시 혹題를 못해서 先生한테 꾸지람 들을 것이 걱정인지 풀이 죽어 쭈그러뜨린 것이 活氣란 도무지 찾아볼수 없다。내 상도 必然코 그 꼴일텐데 내눈으로 그 꼴을 보지 못하는 것이 多幸이다。萬一 다른 사람의 얼굴을 보듯 그렇게 자주 내 얼굴을 對한다고 할것 같으면 벌서 夭死하였을런지도 모른다。

나는 내눈을 疑心하기로 하고 斷念하자!

차라리 城壁우에 펼친 하늘을 쳐다보는 편이 더 痛快하다。눈은 하늘과 城壁 境界線을 따라 자꾸 달리는 것인데 이 城壁이란 現代로서 캄푸라지한 옛 禁城이다。이 안에서 어떤 일이 이루어졌으며 어떤 일이 行하여지고 있는지 城밖에서 살아왔고 살고 있는 우리들에게는 알바가 없다。이제 다만 한가닥 希望은 이 城壁이 끊어지는 곳이다。

期待는 언제나 크게 가질것이 못되어서 城壁이 끊어지는 곳에 總督府、道廳、무슨 參考館、遞信局、新聞社、

消防組 무슨 株式會社、府廳、洋服店、古物商等 나란히 하고 연달아 오다가 아이스케크 看板에 눈이 잠간 머무는데 이놈을 눈 나린 겨울에 빈 집을 지키는 끌이라든가 제 身分에 맞지않는 가개를 지키는 끌을 살작 필럼에 올리어 본달것 같으면 한幅의 高等諷刺漫畵가 될터인데 하고 나는 눈을 감고 생각하기로 한다。事實 요지음 아이스케이크看板 身勢를 免치 아니치 못할 者 얼마나 되랴。아이스케이크 看板은 情熱에 불타는 炎署가 眞正코 아수롭다。

눈을 감고 한참 생각하느라면 한가지 꺼리끼리는 것이 있는데 이것은 道德律이란 거치장스러운 義務感이다。젊은 녀석이 눈을 딱 감고 버티고 앉아 있다고 손구타질하는것 같아야 번쩍 눈을 떠 본다。하나 가차이

慈善할 對象이 없음에 자리를 옮지 않겠다는 心情보다 오히려 아니꼽게 본 사람이 없으리란데 安心이 된다。

이것은 果斷性있는 동무의 主張이지만 電車에서 만난 사람은 원수요、汽車에서 만난 사람은 知己라는 것이다。따는 그러리라고 얼마큼 首肯하였었다。한자리에서 몸을 비비적거리면서도 「오늘은 좋은 날세 올시다。」「어디서 나리시나요」쯤의 인사는 주고 받을 법한데 一言半句없이 뚱ㅣ한 꼴들이 자키나. 큰 원수를 맺고 지나는 사이들 같다。만일 상냥한 사람이 있어 요만쯤의 禮儀를 밟는다고 할것 같으면 電車속의 사람들은 이를 精神異狀者로 대접할게다。그러나 汽車에서는 그렇지않다。名啣을 서로 바꾸고 故鄕 이야기、行方 이야기를 꺼리낌없이 주고 받고 심지어 남의 旅勞를 自己의 旅勞인 것처럼 걱정하고、이 얼마나 多情한 人生行路냐?

이러는 사이에 南大門을 지나쳤다。누가 있어 「자네 每日같이 南大門을 두번씩 지날터인데 그래 늘 보군 하는가」라는 어리석은 듯한 멘탈테쓰트를 낸다면 나는 啞然해지지 않을수 없다。가만히 記憶을 더듬어 본달것 갈으면 늘이 아니라 이 자국을 밟은 以來 그 모습을 한번이라도 처다본적이 있었든것 같지않다。하기는 나의 生活에 緊한 일이 아니매 當然한 일일게다。하나 여기에 하나의 教訓이 있다。回數가 너무 잦으면 모든 것이 皮相的이 되어버리나니라。

이것과는 關聯이 먼 이야기 같으나 無聊한 時間을 까기 爲하야 한마디 하면서 지나가자。

시골서는 제노라고하는 양반이었든 모양인데 처음 서

울 구경을 하고 돌아가서 며칠동안 배운 서울 말씨를 서뿔리 써가며 서울거리를 손으로 형용하고 말로서 떠벌려 옮겨 놓드란데、停車場에 턱 나리니 앞에 古色이 蒼然한 南大門이 반기는듯 가로 막혀 있고、總督府 집이 크고 昌慶苑에 百가지 禽獸가 붐즉했고、德壽宮의 옛宮殿이 懷抱를 자아냈고、和信 昇降機는 머리가 힝— 했고、本町엔 電燈이 낮처럼 밝은데 사람이 물밀리듯 밀리고 電車란 놈이 웡웡 소리를 지르며 지르며 연달아 달리고— 서울이 自己 하나를 爲하야 이루워 진것처럼 우쭐했는데 이것쯤은 있을듯한 일이다。한데 게도 방정꾸러기가 있어

「南大門이란 懸板이 참 名筆이지요」

하고 물으니 對答이 傑作이다。

「암 名筆이구 말구 南字 大字 門字 하나하나 살아서 막 꿈틀거리는것 같데」

어느 모로나 서울자랑하려는 이 양반으로서는 可當한 對答일게다。이분에게 阿峴洞고개 막바지에、——아니 치벽한데 말고、——가차이 鍾路 뒷골목에 무엇이 있든가를 물었드면 얼마나 當慌해 했으랴。

나는 終点을 始点으로 바꾼다。

내가 나린 곳이 나의 終点이오。내가 타는 곳이 나의 始点이 되는 까닭이다。이 짧은 瞬間 많은 사람들 속에 나를 묻는 것인데 나는 이네들에게 너무나 皮相的이 된다。나의 휴매니티를 이네들에게 發揮해낸다는 재주가 없다。이네들의 기쁨과 슬픔과 아픈데를 나로서는 測量한다는 수가 없는 까닭이다。너무 漠然하다。사람이란回 가 잦은데와 量이 많은데는 너무나 쉽게 皮相的이 되나보다。 그럴수록 自己하나 간수하기에 奔走하나보다。

써그날을 밟고 汽車는 왱― 떠난다。 故鄕으로 向한 車도 아니건만 空然히 가슴은 설렌다。 우리 汽車는 느릿느릿 가다 숨차면 假停車場에서도 선다。 每日같이 웬 女子들인지 주룽주룽 서 있다。 제마다 꾸러미를 안었는데 例의 그 꾸러민듯 싶다。 다들 芳年된 아가씨들인데 몸매로 보아하니 工場으로 가는 職工들은 아닌 모양이다。 얌전히들 서서 汽車를 기다리는 모양이다。 判斷을 기다리는 모양이다。 하나 輕妄스럽게 琉璃窓을 通하여 美人判斷을 나려서는 안된다。 皮相的 法則이 여기에도 適用될지 모른다。 透明한듯하 믿지못할 것이 琉璃다。 얼굴을 찌깨논듯이 한다든가 이마를 좁다랗게 한다든가 코를 말코로 만든다든가 턱을 조개 턱으로 만는다든가 하는 惡戱를 琉璃窓이 때때로 敢行하는 까닭이다。判斷을 나리는 者에게는 別般 利害關係가 없다 손치더라도 判斷을 받는 當者에게 오며든 幸運이 逃亡갈런지를 누가 保障할소냐。如何間 아무리 透明한 꺼풀일지라도 깨끗이 벗겨바리는것이 마땅할것이다。

이우고 턴넬이 입을 버리고 기다리는데 거리 한가운데 地下鐵道도 아닌 턴넬이 있다는 것이 얼마나 슬픈 일이냐。이 턴넬이란 人類歷史의 暗黑時代요 人生行路의 苦悶相이다。空然히 바퀴소리만 요란하다。구역날 惡質의 煙氣가 스며든다。하나 未久에 우리에게 光明의 天地가 있다。

턴넬을 벗어났을때 요지음 複線工事에 奔走한 勞動者들을 볼수 있다。아침 첫車에 나갔을때에도 일하고 저녁 늦車에 들어 올때에도 그네들은 그대로 일하는데 언제 始作하야 언제 그치는지 나로서는 헤아릴수 없다。이네들이야말로 建設의 使徒들이다。땀과 피를 애끼지않는다。

그 육중한 도락구를 밀면서도 마음만은 遙遠한데 있어 도락구 판장에다 서투른 글씨로 新京行이니 北京行이니 南京行이니 라고 써서 타고 다니는 것이 아니라 밀고 다닌다。그네들의 마음을 엿볼수 있다。그것이 苦力에 慰安이 안된다고 누가 主張하랴。

이제 나는 곧 終始를 바꿔야 한다。하나 내車에도 新

京行、非京行、南京行을 달고 싶다。世界一週行이라고 달고 싶다。아니 그보다도 眞正한 내故鄉이 있다면 故鄉行을 달겠다。到着하여야할 時代의 停車場이 있다면 더 좋다。

後記

東柱兄이 악착스런 원수의 형벌에 못견디어、차디 찬 돌마루 바닥에서 차마 감기우지 않는 눈을 감고 마지막 숨을 거둔지 벌써 十년이 된다。이 十년동안 우리의 뼈를 저리게 하는 그의 詩는 조국의 문학사를 고치게 하였고、조국의 문학을 세계적인 물줄기 속으로 이끌어 넣는데 자랑스런 힘이 되었다。독재와 억압의 도가니 속에서 가냘픈 육신에 의지한 힛거의 정신、아니 인간으로서의 처음이자 마지막의 권리이며 재산인 자유를 지키고자 죽음을 걸고 싸운 레지스땅스의 문학이 어찌 유우룹의 지성인들에게만 허락된 특권일 수 있었으랴! 「손들이 포함. 하늘도 없는」 숨맥히는 현실 가운데서 「죽는 날까지 하늘을 우러러 한점 부끄럼이 없었던」 東柱는 이 세상에 태어 나면서 詩人이었기에 「詩人이란 슬픈 天命인줄 알면서도 한줄 詩를 적어」야 했다。아니 「한줄 詩를 적」는다기보다 뼈를 꺾어 골수에서 솟아나는 髓漿으로 눈물없는 통곡을 종이에 올린 그의 詩는 진정 「슬픈 族屬」의 血書였다。

「잎새에 이는 바람에도 괴로워」하던 東柱의 詩魂은 「파아란 하늘」에서 독재와 억압의 거센 「바람에 스치우」며 조국과 자유를 밤새워 지키는 「별」을 노래하였다。「어느 욕된 王朝의 遺物」인 「파란 녹이 낀 구리거울」을 「밤이면 밤마다 손바닥으로 발바닥으로 닦」으면서 「내일이나 모래나 그 어느 즐거운 날」을 기다리던 그는, 드디어 「불도적한 죄로 목에 맷돌을 달고 끝없이 沈澱하는 푸로메디어스」의 뒤를 따르는데 주저하지 않았다。「괴로웠던 사나이, 幸福한 예수・그리스도에게 처럼 十字架가 許諾된다면, 목아지를 드리우고 꽃처럼 피어나는 피를 어두어가는 하늘밑에 조용히 흘리」기를 각오한 그는, 「時代처럼 올 아침을 기다리는 最後」의 날에 「눈물과 慰安으로 잡는 最初의 握手」를 남기고 「眞正한 故鄕」을 찾어 「白骨 몰래 아름다운 또 다른 故鄕에 가자」고 했다。

그러나 그는 「이 어둠에서 胚胎되고 이 어둠에서 生長하여서, 아직도 이 어둠 속에 生存」하는 자기자신을 증오하고 저주하지는 않았다。오직 그가 미워하고 싫어하는 것은 「밤」과 「어둠」과 「타협」과 「굴복」이었다。그렇다고 그는 또한 그가 그렇게 기다리고 꼭 오리라고 굳게 믿던 「아침」과 「봄」을 소경처럼 덮어놓고 믿는 범용한 詩人은 아니었다。東柱의 민첩한 감각과 투명한 예지는 우리로 하여금 일찌기 우리 겨레가 가져보지 못했던 놀라운 靈感의 詩人을 얻게 하였다。보라! 다음에 드는 이 무서운 예언을。

이제 닭이 홰를 치면서 맵짠 울음을 뽑아 밤을 쫓고 어둠을 즛내몰아, 동켠으로 훤―히 새벽이란 새로운 손님을 불러온다 하자. 하나 輕妄스럽게 그리 반가워 할것은 없다. 보아라 假令 새벽이 왔다 하더라도 이 마을은 그대로 暗澹하고 나도 그대로 暗澹하고 하여서, 너나 나나 이 가랑지 길에서 躊躇 躊躇 아니치 못할 存在들이 아니냐. 이 얼마나 놀라운 예언이냐! 천성을 詩人으로 태여난 그는 「電信柱가 잉잉 울어 하느님의 말씀」을 정녕 들을 수 있었던가 보다.

다구어오는 새 시대를 믿고 앞날의 역사를 내다보는 靈感의 詩人 尹東柱, 모든 詩人들이 붓을 꺾고 문학을 포기하며 현실과 담을 쌓아 헛된 한숨만 뿜고 있을 때에, 「詩人이란 슬픈 天命인줄 알면서도」 오직 혼자서 꾸준히 「주어진 길을 걸어」온 외로웠던 詩人 尹東柱, 조국을 팔아 영

에와 지위를 사고, 자유를 바꾸어 굴욕과 비굴을 얻어 날뛰는 반역자들이 구데기처럼 들끓는 시궁창 속에 오직 한 마리 빛나는 은어인양 淸新하였던 詩人 尹東柱, 굽기야는 조국과 자유와 문학을 위하여 「꽃처럼 피어나는 피를 어두어 가는 하늘 밑에 조용히 흘리」며 원수의 땅위에서 마지막 숨을 거둔 殉節의 詩人 尹東柱。이리하여 그는 드디어 원수의 발굽에 짓밟혔던 日帝末期의 조국의 문학사를 빛나게 하는 역사적 詩人으로써 움직이지 못할 자리를 잡게 되었고 독재와 억압의 횡포한 폭력에 끝까지 항거하며 자유와 민주주의를 위하여 싸운 온 세계의 레지스땅스의 대열 가운데에 조국의 문학이 어엿이 끼울 자리를 차지하는 영광을 누리게 하였다。

슬프오이다 東柱兄。兄의 노래 마디마디 즐겨 외우던 「새로운 아침」은、兄이 그 욕스러운 세상을 등지고 떠난지 반년 뒤에 찾아왔고、兄의 「별」에 봄은 열번이나 바뀌어졌건만、슬픈 조국의 현실은 兄의 「무덤 우에 파란 잔디가 피어」나게 하였을 뿐 「새로운 아침 우리 다시 情다웁게 손목을 잡」자던 친구들을 뿔뿔이 흩어버리고 말았읍니다。그러나 兄의 「이름자 묻힌 언덕 우에는 자랑처럼 풀이 무성」하였고、兄의 노래는 이 겨레의 많은 어린이 젊은이 들이 입을 모두어 읊는 바 되었읍니다。조국과 자유를 죽음으로 지키신 兄의 숭고한 정신은 겨레를 사랑하는 모든 사람들의 뼈에 깊이 사무쳤삽고、조국과 자유와 문학의 이름으로 불어 당신의 이름은 영원히 빛나오리니 바라옵기는 東柱兄、길이 명복하소서。焚香。

鄭 炳 昱

東方의 위대하신 先聖이 우리에게 가르치시와「哀而不傷」이라 하시었다。이제 故 尹東柱兄의 十週忌를 맞이하매、우리의 文學을 위하여 못견디게 아까운 마음 禁치 못하며、故人의 親知들의 뼈를 여위는 듯한 슬픔 또한 둘곳 없으나、이 한卷의 遺稿集을 세상에 내어 놓고、이 한卷의 책이 우리 文學史의 空白을 메꾸는 唯一한 자랑임을 생각할 때에「哀而不傷」이란 先聖의 가르치심에 충실하겠다기 보다 슬픈 마음을 눌러야겠다。

여기 모운 五部의 遺稿集은 우리가 오늘날 얻을 수 있는 그의 作品 全部이다。第一部는 故人이 延禧專門學校 文科를 卒業할 무렵에 卒業을 記念코자 七十七部 限定版으로 出版하려던 自選 詩集「하늘과 바람과 별과 詩」를 그대로 실었고、第二部는 日本 東京時代의 作品인바 第一部 以後 約半年間에 쓴 것이다。그 後의 作品은 모든 日記와 함께 日警에 被檢되었을 때에 押收되었으니, 오늘 날 아깝게도 찾을 길이 杳然하다。 第三部는 그의 習作期 作品集 「나의 習作期의 詩 아닌 詩」 및 「窓」의 二卷을 비롯한 詩稿를 整理하여 年代順을 逆으로 配列하였으며 그중에 年代가 記入되지 않은 作品은 適當하다고 認定되는 곳에 넣었다。 第四部는 童謠로써 역시 年代順을 逆으로 配列하였고、第五部는 그의 散文을 作品年代에 關係없이 編輯하였다。

끝으로 이 全集을 欣快히 맡아 出版하여 주신 故人의 先輩이신 正音社 崔暎海 先生에게 感謝의 뜻을 이기지 못하는 바이며、또 故人이 生前에 즐겨 거닐던 길목에 하루 빨리 詩碑가 서서 故人의 藝術과 精神을 길이 빛낼 날이 오기를 빌어 마지 않는다。故人의 十週忌를 맞는 해 正月二十五日에 鄭炳昱은 焚香 哭拜。

先伯의 生涯

『二月十六日 동주 사망 시체 가져가라』

이런 電報 한장을 먼저 주고 二十九年間을 詩와 故國만을 그리며 孤獨을 견디였던 舍兄 尹東柱를 日帝는 빼앗아가고 말았으니, 이는 一九四五年 日帝가 亡하기 바로 六個月前 일이였읍니다。

一九一〇年代의 北間島 明東—그곳은 새로 이룬 흙냄새가 무럭무럭 나던 곳이요, 祖國을 잃고 怒氣에 찬 志士들이 모이던 곳이요, 學校와 敎會가 새로 이루어지고, 어른과 아이들에게 한결 같이 熱과 意慾에 넘친 모든 氣象을 용솟음치게 하던 곳이였읍니다。

一九一七年 一二月 三〇日 東柱兄은 이곳에서 敎員의 맏아들로 대어 났읍니다。 그의 生家는 할아버지가 손수 伐材하여 지으신 기와집이였읍니다。 할아버지의 고향은 咸北 會寧이요 어려서 間島에 건너 가시어 손수 荒蕪地를 開拓하시고、基督敎가 渡來하자 그 信者가 되시어 맏 손주를 볼지음에는 長老로 계시였읍니다。

東柱兄의 勤實하고 寬裕함은 할아버지에게서、內省的이요 謙虛함은 아버지에게서. 溫和하고 緻密함은 어머니에게서、각각 물려 받은 性品이라고 생각됩니다。

그의 兒名은 海煥이었고、그 아래로 누이와 두 동생이 있었읍니다。

얌전한 小學生 해환은 兒童誌 『어린이』의 愛讀者였고、그림을 무척 좋아 하였다고 합니다。一九三一年에 明東小學을 마치고 大拉子라는 곳에서 中國人官立學校에 一年間 修學하였으니、詩『별 헤는 밤』의 佩、鏡、玉이단 妙한 異國少女의 이름은 이때의 追憶에서 얻어진 것이 아닌가 합니다。

一九三二年 그가 龍井 恩眞中學校에 入學하자、저의 집은 龍井에 移舍하였읍니다。中學校에서의 二의 趣味는 多方面이였읍니다。蹴球選手이던 그는 어머니의 손은 빌지않고 네임도 혼자 만들어 유니폼에 붙이고 기청복도 손수 재봉틀로 알맞게 고처 입었읍니다。낮이면 운동장을 뛰어 다니고 초저녀에는 散策、밤늦게 까지 讀書 하거나 校內 雜誌를 만드노라고 등사 글씨를 쓰거나 하던 일이 기억됩니다。끝까지 즐기던 이 散策은 이때부터 비롯 되었읍니다。

運動服이나 文學書籍만 들고 다니는 그의 成績에 뜻밖에도 數學이 으뜸 가는 것에는 다들 놀래였읍니다。特히 幾何學을 좋아함은 그의 緻密한 性品에서 였다고 짐작 됩니다。

一九三五年 봄 三學年을 마칠 지음、그는 불현듯 故國에의

留學을 꿈꾸고 겨우 아버지의 승락을 얻어 平壤 崇實中學校에 옮기였읍니다。 그의 習作集으로 미루어 平壤 時節 一年에 가장 文學에의 意慾이 高潮된듯 합니다。이 즈음 白石 詩集『사슴』이 出刊되었으나、百部限定版인 이 책을 求할 길이 없어 圖書室에서 진종일을 걸려 正字로 베껴내고야 말았읍니다。그것은 소중히 지니고 다닌 모양으로、지금은 나에게 保管되어 있읍니다。平壤 留學도 끝을 막게 되었으니、崇實學校가 神社參拜問題로 廢校케 되었던 까닭입니다。一九三六年 다시 龍井에 돌아와 光明中學校 四學年에 들었읍니다。이때 當時 間島에서 發刊되던 『카톨릭 少年』誌에 童舟라는 닉네임으로 童謠 몇편을 發表한 일이 있읍니다。

그의 悲運은 中學校 卒業班에서부터 비롯 하였다고 생각합니다。卒業을 한學期 앞둔 그는 進學할 科目을 選擇해야 했읍니다。그때 벌써 많은 童謠와 詩稿를 가지고 있던 그에게 文學 以外의 길이란 생각조차 할 수 없었읍니다。외아들인 아버지는 젊어서 文學에 뜻을 두어 北京과 東京에 留學하고 教員까지 지내셨건만、自己의 生活上의 失敗를 아들에게 까지 되푸리 시키고 싶지 않으셨읍니다。아버지는 그에게 醫師가 되기를 권하셨읍니다。그러나 그는 굳이 듣지 않고 아버지의 退勤前부터 山이고 江가이고 헤매다가 밤중에야 自己 房에 돌아오는 날이 계속 되었읍니다。한숨이 늘고 가슴을 두드리는 때도 있었읍니다。이렇게 半年을 두고 아버지와의 對立이 계속되다가 卒業이 닥쳐오자 그는 이기고 말았읍니다。할아버지의 권고로 아버지가 讓步하신 것입니다。小學과 恩眞中學 同窓이며 姑從四寸이며 또 동갑인 宋夢奎兄과 同行하여 서울에 온것은 一九三八年 봄이였읍니다。

上京하자 두분 다 延專에 入學하고 그 後부터 집에 오기는 一九四二年까지 每年 二回、여름과 겨울 放學때 뿐이였읍니다。따라서 그 時節의 나의 追憶도 斷片的일 수 밖에 없읍니다。

지금도 눈앞에 선한 그 情답던 모습은 四角帽에 校服을 입은 형님이 아니라, 베바지 베적삼에 밀집모자를 쓰고 황소와 나란히 서 있는 형님입니다。

故鄕에 돌아 오면 그날로 洋服은 벗어 놓고 우리 옷으로 바꾸어 입고는 할아버지와 어머니의 일을 도왔읍니다。소꼴도 비고、물도 깃고、때로는 할머니와 마주 앉어 맷돌도 갈며 寡默하던 그도 유모어를 섞어 가며 서울 이야기를 하던 것입니다。

이러한 生活 속에서도 남몰래 쉬는 한숨을 나는 옆에서 가끔 들은 듯 합니다。그것은 些少한 일도 傷함을 입는 끓어오르는 詩興과 讀書時間의 아쉬움에서 였을 것입니다。

노여움도 아까움도 微笑로서 흘려 보낼 수 있었던 그는、차마 집안 어른들의 일을 돕지 않고는 마음을 놓지 못하였읍니다。

寬裕함이 그의 意志를 지탱케 못하였을지나 決코 優柔不斷하지는 않았읍니다。

龍井은 人口 十萬에 가까운 작지 않은 都市였으나、大學生인 그는 아무 쑥스러움 없이 베옷을 입은채 거리로 소를 이끌고 다녔읍니다。그런 때에도 그는 릴께나 바레리의 詩集、또는 지이드의 책을 옆에 끼는 것을 잊지 않았읍니다。으스름때면 으레이 하는 散策에、동생인 나는 그의 손목을 잡고 같이 거니는 것이 얼마나 즐거운 일이 였는지 모릅니다。街路樹가에서 北原白秋의 「고노미찌」를 곳노래로 부르기도 하고、숲속에 앉아 새로 뜨는 별과 먼 강물을 바라보며 손 깍지를 낀채 묵묵히 앉았을 때에는 그의 얼굴에 무슨 憧憬과 感情이 끓어 오름을 年少한 나도 느낄 수 있었읍니다.

新作路를 걷다가도 賦役하는 시골 아낙네들에게 따뜻한 말한마디 건너고 싶어 하고、골목길에서 노는 아이들을 불잡고 귀여워서 함께 씨름도 하며、한포기의 들꽃도 참아 못지나치겠다는듯、따서 가슴에 꽂거나 책짬에 꽂아 놓곤 하였읍니다。

별을 노래하는 마음으로
모든 죽어가는 것을 사랑해야지

하는 軟弱한 것에 대한 愛情의 表白은 그의 天眞의 記錄이였읍니다。放學때 마다 짐속에서 쏟아져 나오는 數十卷의 小冊으로 한學期의 讀書의 傾向을 알수 있었읍니다。나에게 小川未明童話集을 주며 퍽 좋다고 하던 일과 隨筆과 版畵誌『白과黑』七、八卷을 보이며 版畵가 좋아 求得하였으며、機會가 있으면 自己도 木版畵를 배우겠다고 하던 일이 記憶됩니다。이티하여 집에는 近八百卷의 책이 모여졌고 그중에 지금 기억할 수 있는 것은 앙드레·지이드全集 旣刊分全部, 도스토에프스키 硏究書籍, 바레리詩全集, 佛蘭西名詩集과 켈케고올의 것 몇卷, 그밖에 原書 多數입니다。켈케고올의 것은 延專卒業할 즈음 무척 愛讀하던 것입니다。

一九四一年十二月 延專을 마치고 돌아 왔을 때는 卒業狀과 함께 정성스러이 쓴 詩稿集 『하늘과 바람과 별과 詩』를 들고 왔었읍니다。

그것은 初版七十七部도 出版할려다 뜻을 이루지 못한 채 소중히 지니고 다녔읍니다。

더 工夫하고 싶었던 그는 一九四二年에 『懺悔錄』이란 詩를 써 놓고 渡日하여 立敎大學에 籍을 두었읍니다。그가 마지막으로 집을 떠난 것은 그해 七月 여름放學때였읍니다。

그때에는 病患으로 누어계시는 어머님의 寢床에 걸터 앉어 이야기 동무도 며칠을 보내다가 뜻밖에 速히 떠나게 되였읍니다。東北大學에 있던 親友의 勸誘로 該校 入學手續 치르라 오라는 電報 까닭이였읍니다。 놀이터에서 돌아온 나는 그가 떠났음은 알자 눈물이 글싱 하였읍니다。늘 정거장에서 맞고 바래던 그와 그렇게 헤여짐이 最後의 作別이 될줄이야 어찌 알았겠읍니까。떠나면서도 어머님 걱정을 뇌이고 또 뇌이드랍니다。아마 殞命時까지 눈앞에 어머님의 모습만 어른거렸을 것입니다。東北大學에 간줄 안 兄에게서 무슨 意圖에서였는지 同志社 英文科로 옮겼다는 電報가 오자 아버지는 좀 노여운 기색이였읍니다。

東京과 京都에서의 그의 孤獨은 絕頂에 達했읍니다。太平洋에서는 戰火가 들끓고 尊敬하던 先輩들은 붓을 꺾거나 變節하였고 사랑하던 친구들은 뿔뿔이 헤여졌고 ── 下宿房에서 홀로인듯 한 自己를 發見하고 스스로 눈물 짓지 않을 수 없었읍니다。

……… …………………

六疊房은 남의 나라
窓밖에 밤비가 속살거리는데

등불을 밝혀 어둠을 조금 내몰고、
時代처럼 올 아침을 기다리는 最後의 나、

나는 나에게 적은 손을 내밀어
눈물과 慰安으로 잡는 最初의 握手。

(『쉽게 씌워진 詩』의 一一節 一九四二・六・三作)

그러나 홀로 『새로운 아침』을 기다리며、그의 孤獨만으로 抗拒하기에는 現實의 물결은 너무 거센 것이었읍니다。

一九四三年七月 歸鄕日字를 알리는 電報를 받고 驛에 나갔으나 그는 나타나지 않았읍니다。每日 같은 마중 끝에 한열흘 후에 온 것은 우편으로 보내온 車票와、그 車票로 찾은 若干의 手荷物뿐이었읍니다。車票를 자서 짐까지 부쳐놓고 出發直前에 警察에 잡혔던 것입니다。京都大學에 있던 夢奎兄도 함께 잡혔읍니다。

鴨川署에 未決로 있는 동안 當時 東京에 계시던 堂叔 永春先生이 面會했을 때는 『고오로기』란 刑事의 담당으로 日記와 原稿를 번역하고 있었으며、每日 散策이 許諾된다고 하더랍니다。곧 나갈 것이니 安心하라고 하던 刑事의 말은 結局 거짓이 되고 말았읍니다。

東柱와 夢奎 두 兄이 各 二年言渡를 받고 福岡刑務所에 投獄된 一九四四年六月 以來、한달에 한 장씩만 許諾되는 葉書로는 그의 仔細한 獄中生活은 알길이 없었으나、英和對照 新約聖書

를 보내라고 하여 보내 드린 일과 『붓끝을 따라온 귀뜨라미 소리에도 벌써 가을을 느낍니다』라고 한 나의 글월에 『너의 귀뜨라미는 홀로 있는 내 감방에서도 울어준다。 고마운 일이다』라고 答狀을 주신 일이 기억됩니다。

매달 初旬이면 꼭 오던 葉書대신 一九四五年 二月에는 中旬이 다거서야 上記한 電報도 집안 사람들의 가슴에 못을 박고 말았읍니다。

遺骸나마 찾으려 갔던 아버지와 堂叔님은 우선 살아있는 夢奎兄부터 面會하니 『東柱!』하며 눈물을 쏟고, 每日 같이 이름모를 注射를 맞노라는 그는 皮骨이 相接하였더랍니다。 『東柱先生은 무슨 뜻인지 모르나 큰소리를 외치고 殞命했읍니다』 이것은 日本人 看守의 말이었읍니다。

아버지가 福岡에 가신 동안에 집에는 한장의 印刷物이 配達되었으니 二內容인즉 『東柱 危篤하니 保釋할 수 있음。 萬一 死亡時에는 屍體는 가져가거나 不然이면 九州帝大에 解剖用으로 提供함。 速答하시압』라는 뜻이었읍니다。 死亡 電報보다 十日이나 늦게온 이것을 본 집안 사람들의 원통함은

이를 갈고도 남음이 있었읍니다.

『白骨 몰래 또 다른 故鄕에』 가신 나의 兄 尹東柱는 한 줌의 재가 된재 아버지의 품에 안겨 故鄕땅 間島에 돌아 왔읍니다. 約 二十日後에 夢奎兄도 같은 節次로 獄死하였으니 그 遺骸도 故鄕에 돌아 왔읍니다.

東柱兄의 葬禮는 三月初旬 눈보라치는 날이었읍니다. 자랑스러던 꿈이 매마른 그의 무덤 위에 지금도 흰 눈이 나리는지—

十年이 흘러간 이제 그의 遺稿를 上梓한에 있어 舍弟로서 부끄러움을 禁할 길이 없으며, 詩集 앞뒤에 군것이 붙는 것을 퍽 싫어하던 그였음을 생각할 때, 拙文을 주저하였으나 生前에 無名하였던 故人의 私生活을 傳할 責任을 홀로 느끼어 敢히 붓을 들었읍니다. 이로하여 거짓없는 故人의 片貌나마 傳해지면 多幸이겠읍니다.

一九五五年二月

舍弟 一 柱 謹識

차례

3

<尹東柱詩集>

하늘과바람과별과詩

1955. 2. 15. 印刷 1955. 2. 16. 發行

頒價 400圓

著者 · 尹 東 柱
發行者 · 崔 暎 海
印刷 · 大 聖 社

<發 行>

正 音 社

서울市中區會賢洞1街3의2
<登錄 第23號>

하늘과 바람과 별과 時. 초판본(1955) **원형 복원 오리지널 복제본**

발행일 _ 2016년 03월 28일(초판 1쇄)
저자 _ 윤동주(지은이), 전갑주(제작)
원본 소장인 _ 전갑주
수제 스캐너작업, 색보정, 특수인쇄의 복제제작기술자 _ 전갑주
발행처 _ 한국교과서주식회사(www.ktbook.net)

주소 _ 서울특별시 서초구 논현로 83 (양재동, 삼호빌딩 A동 1916호)
출판등록 _ 2013년 06월 07일(제2013-000098호)
전화 _ 02-815-0114
팩스 _ 02-815-0112
전자우편 _ 8150114@naver.com
블로그(카페) _ http://cafe.daum.net/ntbook(전갑주 복제본 제작이야기)
웹사이트 _ www.ktbook.net(광복 70주년 기념 발행, 41책 복제본 한정 보존판 판매)

이 책은 문화재급 옛 책 복원전문가인 복제제작기술자 〈전갑주〉가 36년간 출판, 인쇄 제작경험과 노하우로 직접 제작한 수제 복제본 41책 가운데 하나이며, 한번 보고 버려지는 다른 유사 상품(짝퉁)과는 달리 언제나 곁에 두고 생각날 때마다 보는 소장가치가 있는 〈전갑주〉 장인정신이 베어있는 명품 복제품입니다.

60년 전 세월의 흔적, 원형 그대로 복원한 일반 유사 상품(짝퉁)이 아닌 작품으로서 옛날 종이의 질감을 느끼며, 옛 색상(4색 잉크배합 원색인쇄)과 선명한 가독성으로 긴 세월 동안의 미세 먼지, 낙서까지 100% 재현한 오리지널 초판본 원본과 똑같습니다. 특히 2015년 10월 20일 전국 5백여 박물관과 도서관 등에 선공급 완료한 한정판(보존판)과 품질이 동일한 일반 독자에게 저렴하게 보급하는 국민 보급판입니다.

하늘과 바람과 별과시. 복제본 값 24,900원

03810

9 788959 551033

ISBN 978-89-5955-103-3 불법 복제 금지

*잘못된 책은 바꾸어 드립니다.